LES PREMIÈRES ÉTUDES

SUR LE

MOUVEMENT DE LA POPULATION

AU XVIIIe SIÈCLE

Les relevés du mouvement de la population. — Si, jusqu'à la fin du XVIIe siècle, date de la rédaction des mémoires des intendants, on est réduit à des hypothèses pour apprécier le nombre des habitants de la France, on est encore moins renseigné sur la composition et sur le mouvement de la population, c'est-à-dire sur l'âge, le sexe, l'état civil, les naissances, les mariages et les décès.

Depuis le règne de François Ier (édit de Villers-Cotterets, 10 août 1539, art. 51 et suiv.) les curés étaient tenus, sous le contrôle des officiers de judicature, d'enregistrer les baptêmes, les mariages et les enterrements (1). Colbert avait

(1) Prescription renouvelée par l'ordonnance de mai 1579, art. 81. Il y a des communes qui possèdent encore les registres de leur état civil depuis l'ordonnance de Villers-Cotterets ; j'ai pu, par exemple, examiner ceux de Plestin-les-Grèves, chef-lieu de canton des Côtes-du-Nord, qui remontent à l'année 1540. A Reims, les premiers registres des naissances datent de 1571. C'est à l'aide de ces registres de paroisses que M. Maggiolo a pu dresser pour deux périodes, du XVIIe (1686-1690) et du XVIIIe (1786-1790), l'état numérique des conjoints ayant signé leur acte de mariage dans 15.928 communes.

fait publier ces documents pour la ville de Paris (1) ; mais aucun contemporain ne paraît avoir tiré de cette publication des conclusions démographiques. Le dix-huitième siècle, qui rendit cet enregistrement plus régulier (2) est le premier qui, en France, ait appliqué à cette matière la curiosité scientifique et constaté par des recherches méthodiques que la vie humaine est soumise à des lois. Ce n'est guère d'ailleurs avant 1750 que cette curiosité s'est manifestée par des œuvres.

Nous avons dit qu'en Allemagne, le pasteur Sussmilch avait eu, dès le milieu du XVIIIe siècle, conscience de l'existence de ces lois : le titre de son ouvrage, *L'ordre divin*, suffit pour l'attester.

Les premiers écrivains français n'ont pas donné à leurs

(1) La publication de l'état civil de Paris a été faite par mois de 1670 à 1684, puis interrompue jusqu'en 1709. Les résultats généraux ont été reproduits dans un tableau du second volume des *Recherches statistiques sur la ville de Paris*, moins les années 1676 et 1677 qui n'ont pas été retrouvées. Le même tableau contient l'état civil de 1709 à 1821. La bibliothèque de l'Institut possède deux volumes portant un titre manuscrit : *État des baptêmes, des mariages et des mortuaires de la ville et faubourgs de Paris*, qui contiennent les publications annuelles de l'état civil (par mois et par paroisses) de 1713 à 1788 et, en outre, le fascicule de l'année 1789 qui n'est pas relié.

(2) La déclaration du 9 avril 1736 prescrivit (art. 17) aux curés, vicaires, desservants, chapitres, supérieurs des communautés ou administrateurs des hôpitaux, de déposer chaque année au greffe du bailliage royal le double de leurs registres de baptêmes, mariages et sépultures. La prescription, comme Terray l'apprit en 1773 par une lettre de l'intendant de la Rochelle, n'a pas été toujours exactement observée. Cette déclaration prescrivit aussi la tenue, par les officiers de police, de registres des décès pour les personnes auxquelles la sépulture ecclésiastique serait refusée. La déclaration de novembre 1787 en fit autant pour les naissances, mariages et décès des personnes non catholiques.

recherches l'esprit philosophique que le sentiment religieux inspirait au protestant allemand. Mais ils ont étudié et analysé les faits ; un d'eux, Moheau, que nous avons souvent cité, l'a même fait avec une précision qui étonne quand on songe au peu de ressources dont la statistique disposait de son temps. Avant lui, le mathématicien Deparcieux avait mis en œuvre les registres des tontines pour dresser, en 1746, à l'exemple de Halley, les premières tables de mortalité françaises dans son *Essai sur les probabilités de la durée de la vie humaine* ; Messance avait étudié les mouvements de la population pour en déduire par le calcul le nombre des habitants. Expilly, Dupré de Saint-Maur, Moheau, Lavoisier et d'autres dressèrent des tables de population par âges.

En 1772, l'abbé Terray, contrôleur général des finances, donna aux intendants l'ordre de faire tous les ans, d'après un modèle déterminé, le relevé des naissances, mariages et morts de leur généralité, en remontant jusqu'à l'année 1770 (1). L'ordre fut exécuté et jusqu'en 1789 l'administra-

---

(1) Ce document peu connu et important pour l'histoire de la population en France, mérite d'être cité textuellement :

« À Compiègne, le 14 août 1772.

« Monsieur,

« Il est très important pour l'administration de connaître exactement l'état de la population du Roiaume, et cette connaissance ne sera pas moins utile à chacun de MM. les Intendants des provinces. Je vous prie en conséquence, de vouloir bien faire travailler chaque année à un relevé exact de la population de votre Généralité, conformément au modèle d'état que vous trouverez cy joint. Ce n'est pas un dénombrement par personnes, ménages ou feux que je vous demande, ce dénombrement, quoique facile, exigerait trop de temps et de soins pour être renouvelé chaque année ; c'est un relevé que je vous prie de vous faire remettre tous les ans par les greffiers des juridictions roialles, des naissances, mariages et morts dans chaque paroisse, chapitres, communautés sécution centrale a connu, pour la première fois, chaque année le mouvement général de la population en France. Elle ne

lières ou régulières et hôpitaux ou autres églises qui seraient en possession de célébrer les mariages, d'administrer les baptêmes ou de faire des inhumations, auquel vous ferez ajouter le nombre des sujets de l'un et de l'autre sexe qui auront fait profession en religion et qui seront décédés dans les monastères et maisons d'hommes et de filles tenant des registres de professions et mortuaires. Les états que je vous demande doivent renfermer huit colonnes : la 1re contiendra le nom des paroisses ; la 2e, celui des chapitres, communautés, hôpitaux ou autres églises où l'on tient des registres de baptêmes, mariages ou sépultures ; la 3e, le nombre des naissances ; la 4e, celui des mariages ; la 5e, celui des morts ; la 6e, celui des professions en religion ; la 7e, celui des sujets morts dans cet état ; enfin la 8e servira pour les observations que vous jugerez à propos de faire, soit sur les causes de mortalité ou dépopulation, s'il en survient de notables, soit sur les autres objets qui vous paraîtront susceptibles d'être mis sous les yeux de l'administration. Vous terminerez cet état par une récapitulation par chaque élection et vous y joindrez la récapitulation générale de votre département. Pour mettre plus d'uniformité dans ce travail et y répandre plus de clarté, vous voudrez bien observer de ranger dans chaque élection vos paroisses par ordre alphabétique, cette manière de les distribuer les placera chaque année dans le même ordre.

« Je vous prie de vous livrer dès ce moment à cette opération et de commencer ce travail par les années 1770 et 1771 qui seront distinguées par des états séparés pour chacune de ces deux années. Je pense que vous serez bien servi par les greffiers des bailliages en les intéressant un peu. Si le ressort de leur juridiction s'étendait sur plusieurs généralités, vous ne leur demanderez que le relevé des paroisses qui seront situées dans votre département. Plus cette opération présente d'utilité, plus j'espère que vous y apporterez de zèle et d'exactitude. Elle est d'ailleurs d'une exécution facile.

« Vous sçavez, Monsieur, qu'aux termes de l'article 17 de la déclaration du 9 avril 1736, les curés, vicaires, desservants, chapitres supérieurs des communautés ou administrateurs des hôpitaux sont tenus de déposer chaque année au greffe du bailliage roïal dans le ressort duquel ils sont situés, un double de leurs registres de baptêmes, mariages et

l'a pas publié régulièrement; mais Moheau (1), Necker (2) et d'autres écrivains en ont eu communication et ont pu raisonner à l'aide de cet important document sur la natalité et la mortalité et y chercher un coefficient pour calculer le nombre des habitants. De 1781 à 1784, les tableaux de ces

sépultures. Le relevé que vous demanderez aux greffiers deviendra un motif pour ces personnes d'envoyer ces registres, et aux officiers des sièges roïaux de les exiger régulièrement. Ce n'est point le dépouillement de ces registres nom par nom que vous demanderez, mais seulement, comme je vous l'ai observé, le nombre exact des naissances, mariages, sépultures, professions et morts en religion.

« Il faut obtenir des greffiers qu'ils distinguent avec soin à l'article des naissances et des morts le nombre des sujets de l'un et de l'autre sexe. Cet état formé pour l'universalité du roïaume fera connoître en peu d'années s'il naît ou s'il meurt plus de mâles que de femelles et dans quelle proportion : pour faciliter aux greffiers cette opération, je crois qu'il seroit à propos de leur faire remettre des états imprimés dont ils n'auront que les colonnes à remplir, et afin qu'ils ne se trompent point sur les paroisses qui sont de votre généralité, vous voudrez bien leur faire imprimer le nom des paroisses dans la première colonne qui, étant rédigée dans l'ordre que je vous ai indiqué, ne sera point sujette à variation. Je vous prie de vouloir bien prendre toutes les mesures nécessaires pour qu'il ne se glisse, s'il est possible, aucune erreur dans cette opération que je recommande avec beaucoup d'instance à votre zèle ordinaire pour ce qui peut intéresser le bien du service.

« Je suis, Monsieur, votre très humble et très obéissant serviteur.

(Collationné : *L'Archiviste*, DE RICHEMOND.)   TERRAY.   C, 182.

Le Ministre réitérait ses ordres par lettres du 6 mai et du 14 juin 1773, puis par lettres du 17 août 1773, il félicitait l'intendant de la Rochelle de la manière dont il s'est acquitté de sa tâche.

(1) Moheau ne connut que les 5 premières années ; encore lui manquait-il trois généralités.

(1) Les nombres donnés par Necker ne concordent pas tous exactement avec ceux de Moheau.

relevés ont été déposés à l'Académie des Sciences et imprimés dans ses mémoires (1).

Les naissances. — Tous les auteurs s'accordent à attribuer à la population française de la seconde moitié du XVIII° siècle une natalité supérieure à celle du temps présent. Expilly et Messance, qui écrivaient avant le ministère de Terray, donnent, le premier, 1 naissance par 25 habitants 1/2 ; le second, 1 naissance par 25 habitants en Auvergne, 1 par 24 dans la généralité de Lyon et 1 par 27 1/2 dans celle de Rouen (2). La Normandie avait déjà à cette époque, comme aujourd'hui, une natalité faible. Moheau, après avoir dit que la proportion varie à peu près de 23 (3) à 28 1/2, s'arrête au taux moyen de 1 naissance par 25 habitants 1/2 (4). Six ans plus tard, Necker adoptait 23 3/4 comme facteur de son calcul de la population (5). Ces deux derniers termes corres-

(1) Il existe aux Archives nationales (H, 1444), un grand nombre de documents de ce genre recueillis dans l'enquête de 1858.

(2) Résultat de la moyenne des naissances de dix années, et d'un dénombrement par tête dans 105 paroisses.

(3) Il donne même 20 1/8 pour l'île de Ré.

(4) Page 42. Il hésite entre 25 et 26 (Voir pp. 35 et 36). Si nous adoptons, ainsi que nous l'avons fait dans le chapitre précédent, 26 millions pour représenter la population de la France durant la seconde moitié du règne de Louis XVI et 1 million pour le total des naissances, ainsi que l'a fait Necker (voir plus loin même chapitre), nous trouvons aussi le rapport de 1 à 26.

(5) D'après Necker, ce nombre moyen annuel des naissances de 1771 à 1779, a été de 940,935. « Le nombre des naissances est à celui des habitants de 1 à 23 et 24 dans les lieux contrariés par la nature ou par des circonstances morales ; de même rapport, dans la plus grande partie de la France, est de 1 à 25 et 26 ; enfin dans les villes, selon leur commerce et leur étendue, chaque naissance répond à 27, 28, 29 et jusques à 30 habitants et même à davantage pour la capitale. » *Administ. des finances*, t. I, p. 168 (édition en 3 volumes, de 1785). Plusieurs

pondent au taux d'environ 39 naissances par 1,000 habitants. Mais, en calculant sur 26,300,000 habitants et 966 naissances (période 1778-1787), d'après des Pommelles, elle n'est que de 36.7 par 1,000 habitants.

Le sexe masculin avait alors, comme aujourd'hui, la supériorité sur le sexe féminin dans la natalité : 21 garçons contre 20 filles suivant Messance, 16 garçons contre 15 filles suivant Moheau (1). Cependant il est permis de penser qu'alors, comme de nos jours, on comptait dans la population française plus de femmes que d'hommes (2).

Moheau estimait que la fécondité des villes était inférieure à celle des campagnes, « soit que les habitants y soient moins robustes, soit que le goût du luxe et la perversité des mœurs y fassent redouter une nombreuse famille. » Le perspicace statisticien ne se laisse pas tromper par les apparences; car il remarque que les villes paraissent fournir plus de naissances qu'elles n'en donnent réellement (3), parce qu'on vient « de la campagne accoucher dans la ville,

relevés de l'état civil par bailliage ont servi à l'administration centrale à dresser des tableaux de population ; le calcul a été fait en général à raison de 26 habitants pour 1 naissance. Voir aux Archives nationales, H, 1444.

(1) Suivant Buffon, 27 sur 26 à Paris et 17 sur 16 ailleurs. Le rapport aujourd'hui est d'environ 105 naissances masculines sur 100 féminines, et la proportion est moindre, comme autrefois, pour Paris, où il y a beaucoup de naissances illégitimes, lesquelles fournissent d'ordinaire une moindre proportion de garçons.

(2) En Auvergne, Messance trouvait 45 personnes 1/3 du sexe masculin pour 46 personnes 1/3 du sexe féminin.

(3) Il constate même dans les villes une natalité absolue moindre que dans les campagnes : en Touraine, 1 naissance sur 23 2/3 habitants pour les communautés et sur 33 pour les 4 villes chefs-lieux d'élection ; dans la généralité de Rouen, 1 naissance sur 26 habitants pour 95 communautés rurales et 1 sur 29 pour les 10 villes.

soit pour cacher ses couches, soit pour se procurer plus de secours (1). » Il en est de même aujourd'hui.

Alors aussi, comme aujourd'hui, les mois de mars, janvier, février étaient ceux où l'on comptait le plus de naissances ; juin, décembre et novembre ceux où l'on en comptait le moins. Buffon faisait au sujet des naissances quelques autres observations judicieuses qui s'appliquent encore en partie au temps présent, particulièrement lorsqu'il disait que la fécondité dépend de l'abondance des subsistances.

Le mariage et la fécondité des familles. — Les mariages paraissent avoir été un peu plus nombreux dans la seconde moitié du XVIII⁰ siècle que dans la seconde moitié du XIX⁰, où leur taux annuel a été de 7.9 par 1.000 habitants (2). Expilly donne 1 mariage par 137 habitants, soit 7.3 par 1.000 habitants ; Messance donne 1 par 113 pour la généralité de Rouen, par 111 pour celle de Lyon, par 114 pour l'Auvergne. Moheau, 1 par 113, en faisant observer que le rapport varie de 110 pour la généralité de Lyon à 129 pour celle de Paris, les grandes villes non comprises. Necker, 113 1/3. Ce dernier terme, qui peut être pris comme moyenne, correspond à 8.8 mariages par 1.000 habitants ou 8 avec 26 millions d'habitants.

S'il y avait au XVIII⁰ siècle une proportion de mariages supérieure à celle de nos jours et une proportion beaucoup plus forte de naissances, c'est que la fécondité moyenne était plus grande. Cette fécondité peut être calculée avec plus de précision que la natalité proprement dite, puisqu'elle résulte du rapport des naissances et des mariages qui étaient enregistrés, sinon sans lacunes, au moins assez régulièrement pour servir de base à un calcul, tandis que la natalité

(1) Deparcieux, p. 144.

(2) De 1880 à 1887, la nuptialité n'a été que de 7.5 ; mais c'est une période de faible nuptialité.

repose sur une hypothèse partout où il n'existe pas de dénombrement. Moheau trouve 24 enfants par 5 mariages (1), soit 4 naissances 4/5, et, déduction faite du nombre probable des naissances illégitimes, 4 1/2 par mariage (2). Buffon assigne à Paris, déduction faite des enfants trouvés, 3 1/3 naissances par mariage ; relativement les mariages de Paris étaient alors, comme aujourd'hui, peu féconds (3). Des Pommelles, calculant sur le mouvement de l'état civil de 1778 à 1780 a trouvé 4.8 naissances pour 1 mariage.

Nous estimons de nos jours à 3 environ la fécondité moyenne par mariage en France ; mais nous perdons moins d'enfants. Moheau pensait, d'après ses recherches, que sur 50 familles il n'y en avait guère qu'une qui possédât 6 enfants vivants ou plus (4). Les familles de plus de 9 enfants étaient une très rare exception.

C'est qu'il ne suffit pas de mettre au monde des enfants ; il faut pouvoir et savoir les élever. On se plaît à vanter les nombreuses familles de l'ancien régime et on en cite quelques exemples tirés des généalogies de la noblesse ou des livres de raison ; on ne réfléchit pas que ce sont là des cas particuliers qu'on peut rencontrer dans tous les temps,

(1) Messance donne 70 naissances 1/2 par 16 mariages, soit 4 enfants 7/8 par mariage.

(2) Il donne (page 136), pour les généralités, des proportions variant de 5 4/25 (Tours) à 4 7/29 (Rouen) et une moyenne générale de 4 13/16.

(3) Il n'y avait pas que Paris dans ce cas.

(4) Voir p. 154. Le calcul (table IV) de Moheau est établi sur 27,335 familles des généralités de Paris, de Lyon, d'Auvergne, de Rouen et de la Rochelle ; ces généralités ne fournissent que 930 familles ayant au moins 6 enfants, 65 ayant 9 enfants ou plus et 3 familles seulement ayant 12 ou 13 enfants... Une autre table (table III, p. 123) portant sur 5,283 familles, en compte 1,444 qui n'avaient pas d'enfants (mais l'auteur ne dit pas le nombre d'années de ménage) et une seulement qui avait 10 enfants. Messance (p. 146) avait trouvé une proportion plus forte : sur 25 familles, 1 famille ayant plus de 6 enfants.

quoiqu'ils soient probablement plus rares aujourd'hui. Il est certain, néanmoins, quelle que soit la proportion exacte, que les ménages donnaient naissance à plus d'enfants que de notre temps.

Mais ceux qui cherchent à enfler cette fécondité sans preuves statistiques le font dans le désir de donner une opinion favorable de la France ancienne; ils ne s'aperçoivent pas que, si leur prétention était justifiée, elle aboutirait au contraire de leur dessein; car, puisque la population a augmenté lentement de 1700 à 1789 — ce qui est un fait démontré — plus on suppose la natalité forte, plus il faut aussi admettre une mortalité considérable (1), et par conséquent un mauvais état économique de la population.

Les décès. — La mortalité était en effet plus considérable que de nos jours.

Paris, dont l'état civil existe depuis 1670, en donne une idée. Au XVIIᵉ siècle, sur les 13 années que l'on connaît (2), 7 ont eu plus de décès que de naissances; au XVIIIᵉ, on

(1) Voir, entre autres exemples, *Histoire d'une famille de Provence*, tirée du livre de raison des Pellicot, 1862 (brochure anonyme; l'auteur est M. Teissier). La généalogie des Pellicot remonte à 1469. Un d'eux, Ignace de Pellicot, né en 1693, a eu 24 enfants; un autre en a eu 16. Cependant beaucoup de Pellicot ont dû mourir sans postérité, car l'auteur (qui, il est vrai, ne suit pas toutes les branches), mentionne seulement sept représentants en 1810, appartenant à quatre branches. La onzième génération naissait à cette époque (1807-1814) dans deux branches; ce qui correspond à une durée moyenne de 34 ans par génération. L'ensemble n'atteste pas une multiplication très considérable de la famille. A cet exemple on opposerait avantageusement celui d'une centenaire du recensement de 1886 qui avait 95 descendants, et celui de M. Jean Dollfus, de Mulhouse, qui, célébrant ses noces d'or, avait réuni à sa table plus de 100 personnes, enfants, petits-enfants, gendres et brus.

(2) 1676 à 1684, moins les années 1676 et 1677.

trouve aussi plus de décès pour les neuf années, de 1730 à 1749, pour 11, de 1750 à 1769, pour 7, de 1770 à 1789 ; pour 9, de 1790 à 1809. En groupant les nombres par périodes, on trouve que, dans celle du XVII° siècle et dans 3 de 20 ans au XVIII° (1730-1749, 1750-1769, 1790-1809), la somme des décès a dépassé celle des naissances et qu'il n'y a eu excédent de naissances que pour deux périodes du XVIII° siècle, tandis que sur douze périodes quinquennales de notre siècle (1821-1880), il n'y a excédent de décès que pour deux périodes, lesquelles sont des années de choléra (1).

(1) Voir *Archives statistiques de la ville de Paris*, t. II. Nous donnons ici en note la liste des années, depuis 1730, dans lesquelles il y a eu plus de décès que de naissances. Ajoutons toutefois que Deparcieux (*Essai...*, p. 102) dit que cet état est « fait avec trop peu de soin pour qu'on doive y compter » ; mais son observation porte surtout sur des omissions de décès, et Deparcieux fait remarquer que, s'il y a plus de naissances que de décès, c'est qu'il vient beaucoup d'adultes à Paris et que beaucoup d'enfants de Paris vont mourir en nourrice. L'état que nous présentons peut donc être considéré comme représentant une mortalité inférieure à la mortalité réelle.

Périodes : 1730-1749.	1750-1769.	1770-1790.	1790-1809.
1731	1753	1771	1792
1736	1754	1772	1794
1738	1755	1776	1795
1739	1757	1780	1796
1740	1758	1783	1801
1741	1760	1784	1803
1742	1762	1785	1804
1745	1763		1806
1748	1766		1807
	1767		
	1768		

Les deux périodes quinquennales contemporaines où il y a eu excédent de décès sont 1831-1835 (26,283 naissances, 44,363 décès) et 1846-1850 (30,141 naissances et 48,121 décès).

La mortalité pour la France entière était évaluée par Buffon à 1 décès par 35 habitants (1), par Moheau à 1 décès par 30 habitants (2), par Necker à 1 décès par 29 habitants 3/5. Sous le règne de Louis XVI, les statisticiens les plus autorisés portaient donc la mortalité à 33.3 par 1.000 habitants, tandis qu'aujourd'hui elle n'est, en nombre rond, que de 23. C'est là une des différences démographiques les plus tranchées entre le passé et le présent.

Le chevalier des Pommelles a calculé qu'il y avait (période 1778-1787) 105 décès du sexe masculin contre 100 du sexe féminin.

L'excédent des naissances sur les décès et la comparaison avec l'étranger. — Le taux d'accroissement annuel de la population qui ressort de la comparaison des naissances et des décès (3) de 1776 à 1780 aurait été de 4.9 par 1.000 habitants si la France avait alors 24.800.000 habitants et de 4.6 si, comme le pense Necker, comme nous le pensons nous-même, la population s'élevait à 26 millions. Des Pommelles a trouvé un excédent de 86 naissances par 1,000 habitants. En tout cas, il est supérieur à celui que nous avons attribué à l'ensemble du XVIIIe siècle. Mais il ne faut pas oublier que

(1) Buffon (*De l'homme*, t. XIII, p. 198) ne croit pas au rapport de 32 ou 33, et préfère celui de 1 par 35 ; mais il parle de Paris et il n'ignore pas qu'à Paris le grand nombre d'adultes et l'envoi des enfants en nourrice atténuent la mortalité. Il est vrai qu'à Montbard il constate le rapport de 1 par 36. Deparcieux (*Essai*, p. 95), qui donne 1 décès par 40 habitants dans les très grandes villes, fait les mêmes remarques.

(2) Moheau (p. 55) considère d'ailleurs ce rapport comme peu certain. Il donne plusieurs rapports qui varient suivant les localités de 26 à 31 habitants pour 1 décès.

(3) Necker donne comme moyenne des dix années 1771-1780 940,933 naissances et 818,491 décès. L'excédent est de 122,442 ; en admettant avec Necker une population de 24,600,000 habitants, on trouve un taux d'accroissement de 1.9 p. 0/00.

les dix années sur lesquelles nous opérons ont été des années de paix, relativement calmes (1), et qu'elles font partie de la période où la population semble avoir le plus prospéré.

Quelque instructifs que soient les chiffres du mouvement de la population, au xviii° siècle, il ne faut pas oublier qu'ils n'ont pas la précision que leur donnent au xix° siècle les dénombrements quinquennaux et les relevés généraux annuels de l'état civil.

Messance opérait à l'aide de quelques dénombrements partiels, douteux même, et de relevés partiels aussi, des naissances, et, quand il avait calculé le rapport, il l'appliquait à la population entière de la France. Moheau et Necker possédaient, il est vrai, pour quelques années, la suite des relevés généraux de l'état civil, mais ils ne connaissaient le nombre des habitants que par conjecture. En outre, l'enregistrement des naissances, des décès et même des mariages était moins complet que de nos jours, parce qu'on ne tenait presque jamais compte des enfants morts avant le baptême et que, par conséquent, les mort-nés étaient omis, que les non-catholiques l'étaient souvent aussi, et que certaines parties de province ne figuraient pas dans les listes envoyées par les intendants (1). Necker n'était pas éloigné de croire que le nombre des naissances, dont la moyenne calculée pour les dix années 1771-1780 était de 940.935, dépassait en réalité un million; il en était de même pour les décès.

Les rapports de 8.8 mariages ou de 8, de 39 ou 36.7 naissances et de 33 ou 30 décès par 1.000 habitants sont, ainsi

(1) À Paris cependant quatre de ces années sur dix ont eu plus de décès que de naissances.

(2) « Récemment, dit Necker (t. I, p. 170), l'on vient encore de découvrir que le Clermontois, sous l'administration particulière de la maison de Condé, n'avait jamais été compris dans les états de population. »

que nous venons de le dire, supérieurs à ceux que fournit actuellement notre population.

Il est possible qu'on ait à s'applaudir d'une forte natalité; mais il est certain qu'on doit regretter une forte mortalité; quant au taux élevé de la nuptialité, il explique peut-être en partie comment beaucoup de ménages prématurés ou pauvres contribuaient à donner naissance à beaucoup d'enfants qui mouraient bientôt.

On trouve aujourd'hui en Europe plusieurs pays qui se rapprochent de l'état démographique de la France au xviiie siècle et qui peuvent donner une idée de ce qu'était alors la condition sociale de la masse de la population. Ainsi, au xviiie siècle, la Prusse, les États de la Thuringe, l'Autriche cisleithane rappellent aujourd'hui (moyenne de 1865-1883) à peu près la France du xviiie siècle par leur nuptialité (8.6, 8.9, 8.5 mariages p. 1.000 habitants); l'Empire allemand, la Pologne russe, l'Autriche cisleithane la rappellent par leur natalité (39, 38.7, 38 naissances par 1.000 habitants); l'Autriche cisleithane, le Wurtemberg, la Russie, par leur mortalité (31, 35, 31 décès par 1.000 habitants). La Hongrie a une nuptialité, une natalité et une mortalité bien plus fortes que la France (10.3 mariages, 43 naissances, 38 décès par 1.000 habitants). La mortalité paraissait être faible en juillet, forte en octobre (1); décembre et les premiers mois de l'année étaient les plus funestes aux Parisiens. Les enfants avaient à redouter surtout les mois de septembre et d'octobre; les vieillards, les mois d'hiver. Les décès du sexe masculin étaient plus nombreux que ceux du sexe féminin. Deparcieux remarque « qu'on vit plus longtemps dans l'état de mariage que dans le célibat (2) ». La plupart

(1) Buffon et Moheau (p. 230 et suiv.) ne s'accordent pas bien sur ce point.

(2) *Essai*, p. 99.

de ces traits conviennent à la démographie de notre siècle aussi bien qu'à celle du siècle dernier.

La mortalité des enfants était très forte. Expilly a calculé que la vie moyenne à la naissance n'était que de 25 ans environ ; Deparcieux que, pour 3.700 enfants nés à Paris, elle n'était que de 23 ans 1/2. « C'est vraisemblablement, dit-il, l'endroit de la France où la vie moyenne est la plus courte » ; car il s'est assuré que du côté de Laon elle dépasse 37 ans et dans le Bas-Languedoc 41 ans. Mais, à Paris, les gens riches prennent des nourrices dans la ville et dans les environs et voient souvent leurs enfants ; l'auteur reproche aux Françaises de ne pas faire comme les Anglaises et les Allemandes qui les nourrissent elles-mêmes : Rousseau n'avait pas encore mis l'allaitement à la mode. « Le bas peuple qui n'a pas le moyen de payer cher, » prend des nourrices éloignées et « il en meurt un peu plus de moitié entre leurs mains (1) ». « Ces hommes petits et chétifs », ajoute-t-il, sont communs aux environs de Paris. Dans une table composée de 50.517 décès relevés dans neuf régions différentes, Moheau enregistre 26.094 décès d'enfants de 1 à 10 ans (2), c'est-à-dire 52 0/0, tandis que, de 11 à 20 ans, il n'en compte que 2.351 (3), c'est-à-dire 4.5 0/0. Aujourd'hui,

(1) *Essai*, p. 70.

(2) Messance, reproduit par Expilly dans l'article *Population*, donne pour les généralités de Lyon et de Rouen 2,457 décès de 0 à 10 ans (dont 2,167 de 0 à 5 ans) sur un total de 4,884 décès. Deparcieux (*Essai*, p. 162), relevant l'état des morts de 1715 à 1744 sur les registres de la paroisse de Saint-Sulpice, trouve sur un total de 47,833 décès 25,484 décès de 0 à 10 ans dont 13,240 de garçons et 12,244 de filles, et dont 10,333 (soit 22 p. 0/0) de 0 à 1 an, 12,018 de 1 à 5 ans et 3,133 de 2 à 10 ans.

(3) Moheau, p. 157.

sur 100 décès, il y en a environ 33 de 0 à 10 ans et 4.4 de 11 à 20 ans (1).

La population d'après l'état civil. — Les célibataires, dit Moheau, forment un peu plus de la moitié de l'humanité : 52 célibataires pour 48 (2) personnes mariées (37.5) ou veuves (40.5). Les enfants de 12 ans et au-dessous forment à eux seuls presque les 2/7 de la population. Les proportions ne sont plus les mêmes aujourd'hui parce que les enfants sont moins nombreux et parce que la vie moyenne est plus longue (3). « Que dans un pays, dit Necker, le plus grand nombre des habitants jouisse à peine d'un étroit nécessaire : entraînés cependant par les plaisirs des sens, ils auront

(1) Voici les rapports comparés :

Ages.	Nombre de décès sur 100.	
	D'après Moheau.	De nos jours.
De 0 à 10 ans..........................	52	33.5
De 11 à 28 ans..........................	4.5	4.4
De 21 à 50 ans..........................	20.5	21.1
De 51 à 70 ans..........................	14 *	21
De 78 à 100 ans..........................	9 *	20
	100	100

(8) Lavoisier, en 1790, donne, sur 25 millions d'habitants, 12 millions seulement de célibataires, 11.1 de gens mariés, 0.6 de veufs et 1/2 de veuves.

(3) Le recensement de 1876 a donné 50.79 0/0 de célibataires, 41.07 de gens mariés, 8.14 de veufs et veuves. Il est encore aujourd'hui vrai de dire, avec Moheau (p. 83), qu'il y a à peu près deux veuves contre un veuf. Moheau doute cependant quelque peu du rapport et pense qu'il y a exagération de veuves parce que ces exemples sont pris dans des provinces voisines de la mer.

(*) La proportion est plus faible que de nos jours parce qu'il y avait moins de vieillards et parce que la proportion des décès enfantins est plus forte,

peut-être le même nombre d'enfants que s'ils vivaient dans l'aisance ; mais, après avoir fait quelques efforts pour les élever, trop pauvres pour leur donner ou une nourriture suffisante ou des secours dans leurs maladies, la plus grande partie de cette génération ne passera pas l'âge de trois ou quatre ans, et il se trouvera que dans un tel pays le nombre des enfants en bas âge sera constamment en disproportion trop grande avec le nombre des adultes et des hommes faits. Alors un million d'individus ne présenteront ni la même force ni la même capacité de travail qu'un pareil nombre dans un royaume où le peuple est moins misérable (1) ».

La population par âges. — La composition par âges a en effet une grande importance pour apprécier la valeur économique d'une population ; mais le problème a deux faces, la valeur présente et la puissance future : Necker n'en envisageait qu'une. Si l'on prend 15 ans comme l'âge moyen auquel l'éducation de l'enfant est terminée et où l'homme commence à se suffire, on trouve que, sur 1.000 habitants, il y en avait au-dessous de cet âge environ 350 d'après Expilly, dont le calcul embrassait la France entière moins Paris et la Lorraine, 315 en Auvergne d'après Messance (2), 321 en Bourgogne en 1786, 312 vers 1789 d'après la table de Duvilard. Tandis que la France contemporaine n'en comptait que 284 dans la période 1849-1859, 277 en 1866 et 268 en 1884 et 269 en 1886, la Prusse en avait 353, l'Angleterre 354, l'Autriche 321.

On peut grouper, sinon d'une manière très exacte, du moins avec une approximation instructive, la population française par âges dans la seconde moitié du xviiⁱᵉ siècle à l'aide des documents du temps.

(1) Necker, *De l'adm. des fin.*, I, 179.

(2) Ce chiffre est calculé par approximation, Messance donnant 298 0/0 à 14 ans.

AGES	EXPILLY (1)			MOHEAU (2)		DÉNOMBREMENT DE LA BOURGOGNE EN 1786			LAVOISIER (3)		RECENSEMENT DE 1876
ANS		Nombres absolus par milliers	P. 100	Nombres fournis par l'auteur	P. 100		Nombres absolus par milliers	P. 100	Nombres absolus par milliers	P. 100	
De 1 à 10	1 an à 5 ans.	7.263	33	1/4	25	0 à 15 ans.	355	32.1993	6.348	25	18.4
De 11 à 20	6 à 20 ans.	1.856	8	4/21	19.04	16 à 30 ans.	301	27.2	4.823	19.34	17.4
De 21 à 30	21 à 50 ans.			2/13	15				3.718	14.9	15.8
De 31 à 40		8.319	39	1/7	14	31 à 50 ans.	275	24.9	3.376	13.5	13.9
De 41 à 50				1/8	12.5				3.079	12 7	12.4
De 51 à 60	51 à 70 ans.	2.686	12	1/13	7.4	51 à 60 ans.	102	9.2	1.902	7.6	10.3
De 61 à 70				1/20	5				1.234	4.9	7.35
De 71 à 80		519	2	1/55	1.8	61 à 100 ans.	72	6.5	453	1 8	3.6
De 81 à 90	Plus de 80 ans.	1.515	6	1/480	0.2				52	0.2	0.8
De 91 à 100				1/16000	0.06	Centen.		0.0007	15	0 06	0.05
		21.158	100	1	100		1.105	100	25.000	100	100

(1) *Dictionn. des Gaules*, article *Population*. Dans le calcul d'Expilly ne sont compris ni Paris et ses faubourgs ni la Lorraine.

(2) *Recherches et considérations sur la population de la France*, p. 75. Tableau dressé d'après le dénombrement de dix paroisses ayant en tout 4.800 habitants et d'après quelques autres renseignements sur la mortalité. L'auteur dit que cette table « offre un exemple assez juste de la division par âges, mais qu'il serait désirable de poursuivre ces recherches avec une base plus étendue. »

(3) Lavoisier. *De la richesse de la France*, p. 594 de l'édition Guillaumin. *Mélanges d'économie politique*, tome I. Lavoisier attribue la supériorité numérique au sexe féminin de 0 à 10 ans et au sexe masculin de 41 à 50, ce qui paraît peu vraisemblable.

Nous savons que la proportion des enfants était plus considérable alors qu'aujourd'hui. Elle semble même avoir été plus forte au milieu qu'à la fin du xviii° siècle ; c'est l'indice d'une amélioration vers la fin de l'ancien régime.

Dans un livre sur *Les artisans et les domestiques d'autrefois*, où M. Babeau décrit avec un sentiment plutôt indulgent que chagrin pour le passé et en même temps avec un soin minutieux de l'exactitude, un des côtés de la vie économique de l'ancien régime, on voit un orfèvre de Paris, marié en 1750, s'élevant par le travail jusqu'à une certaine aisance, ayant eu douze enfants et n'en ayant conservé que quatre, deux filles qu'il dote et deux fils qui, à l'âge de vingt-neuf ans, sont encore ouvriers (1). Un exemple n'est pas une preuve ; celui-ci concorde cependant avec ce que nous avons dit plus haut de l'état général de la population.

La vie moyenne. — De tout ce qui précède il résulte que la vie moyenne devait être moindre que de nos jours. « La règle de destruction du genre humain, dit Messance (2), est telle que les deux tiers des hommes n'existent plus au bout de 30 ans, qu'il n'en reste qu'un sixième après la révolution de 60 ans, et enfin qu'il faut 100 ans pour qu'une génération entière soit détruite. » Expilly, raisonnant d'ailleurs d'après Messance, attribue, avons-nous dit, 25 ans à la durée

(1) *Les artisans et domestiques d'autrefois*, par M. Babeau, p. 198. Le nombre des maîtres de la corporation des orfèvres de Paris était limité : c'est peut-être parce qu'ils n'avaient pas eu l'occasion, faute de place, d'acquérir la maîtrise, que ces deux jeunes gens restaient ouvriers.

(2) P. 172. Le recensement de la Bourgogne en 1786 portait 8 centenaires sur 1.106.468 habitants. En 1771, il y avait à l'Hôtel des Invalides 914 vieillards de 70 ans au moins, dont trois avaient de 100 à 103 ans. (*Hist. de l'Académie des sciences*, 1771, p. 845.)

moyenne de la vie des Français à partir de leur naissance (1). Les exemples que cite Moheau portent sur des groupes trop restreints pour faire autorité.

Alors, comme aujourd'hui, la condition des personnes influait beaucoup sur leur longévité. Ainsi, pendant que l'ensemble de la population, riche et pauvre, de 8 paroisses de la généralité de Rouen, avait en perspective une vie moyenne de 30 ans 9 mois à l'âge de 20 ans et de 25 ans 6 mois à l'âge de 30 ans (2), les religieux de Saint-Maur avaient, aux mêmes âges, une vie moyenne de 36.6 à 39.4 ans et de 29.5 à 32.2 ans ; les religieuses observées aussi par Déparcieux en avaient une de 40.2 et de 33.2 ans et les tontiniers une de 40.3 et de 34.1 ans (3).

Les enfants trouvés. — Le grand nombre d'enfants trouvés qui étaient à la charge des seigneurs et qui encombraient les hospices peut être compté comme une des causes secondaires de la mortalité du jeune âge. Necker en évaluait le total à 40.000, dont le plus grand nombre était mis en pension dans les campagnes (4), et ce nombre est jugé avec

(1) Voir Moheau (p. 158 et suiv. et p. 205 et suiv.). Il cite, entre autres, d'après Buffon, Paris et les paroisses voisines qui donnent une vie moyenne de 33 ans à la naissance ; mais nous savons que la composition de la population parisienne n'était pas normale, et que Buffon préférait 35 pour Paris.

(2) Moheau, p. 161 et suiv.

(3) Déparcieux, *Essai*, table XIII.

(4) M. Lallemand (*Hist. des enfants abandonnés et délaissés*, p. 239) fait remarquer qu'on ne peut comparer le nombre des enfants assistés, qui était au 18 janvier 1883 de 46,500, avec le nombre donné par Necker, parce que, sous l'ancien régime, ce dernier nombre ne comprenait que les enfants trouvés admis en bas âge et élevés jusqu'à un âge variant de

raison par l'auteur de l'*Histoire des enfants délaissés et abandonnés* comme inférieur à la réalité.

Il a augmenté rapidement dans le cours du XVIIIᵉ siècle. Ainsi, la maison de la Couche à Paris a reçu en moyenne 1.786 enfants par an dans la période 1700-1709 et 6.703 dans la période 1770-1779 (1); Paris, il est vrai, était, comme toutes les grandes villes, un centre où les mesures confluaient d'autant plus que les communications devenaient plus faciles; beaucoup d'enfants y étaient envoyés de province, et l'étaient dans des conditions telles, que la majorité mourait en route ou dans les premiers mois après l'entrée à l'hospice; des enfants légitimes s'y trouvaient confondus avec les enfants naturels (2). Mais, comme on voit le même accroissement se produire dans d'autres villes,

6 à 16 ans suivant les localités (âge à partir duquel ils étaient considérés comme des pauvres à la charge des hôpitaux généraux), tandis qu'aujourd'hui les enfants assistés comprennent non seulement les enfants trouvés, mais les enfants abandonnés et les orphelins et qu'ils sont admis jusqu'à l'âge de 12 ans.

(1) Moyenne annuelle des admissions à l'hospice des enfants trouvés par périodes (Voir *Annuaire statistique de la ville de Paris*, année 1880):

1640-1649	305	1720-1729	2.069
1650-1659	360	1730-1739	2.671
1660-1669	453	1740-1749	3.291
1670-1679	688	1750-1759	4.457
1680-1689	1.027	1760-1769	5.611
1690-1699	2.115	1770-1779	6.703
1700-1709	1.786	1780-1789	5.713
1710-1719	1.739		

Dans un arrêt du 10 janvier 1779 l'administration se plaignait qu'il vint plus de 2.000 enfants par an de provinces éloignées et que la plupart de ces enfants mourussent et on prescrit certaines mesures qui ont réduit le nombre des admissions.

(2) Necker, en 1784, se plaignait avec d'autres philanthropes du grand

à Pau, par exemple, où, de 1770 à 1788, le nombre des admissions avait presque septuplé (1), il est probable que l'augmentation était à peu près générale.

Indépendamment de ceux qui périssaient en route, il y avait à l'intérieur une mortalité considérable. Les registres de l'hôpital général portent que, de 1768 à 1772, le nombre de décès dans la maison même de la Couche s'est élevé au tiers environ du nombre des entrées. On ne saurait déterminer avec précision la mortalité par âges, parce qu'on ne connaît pas l'âge d'admission des enfants ayant moins d'un mois ; mais on peut dire, avec M. Lallemand, que le groupe des enfants de 0 à 30 jours considéré en masse perdait, en 1751, 70 0/0 de son effectif dans l'année, tandis qu'il n'en perdait que 35 0/0 dans la période 1877-1881 (2). Les chiffres tirés des hôpitaux de province fournissent à cet égard des résultats très divers ; il serait téméraire d'en tirer une conclusion numérique, parce que la manière dont sont groupés les nombres dans une statistique de ce genre influe très sensiblement sur la moyenne calculée et que nous ne savons pas comment les statistiques étaient dressées. On sait cependant qu'à Marseille il survivait à l'âge de 1 an révolu moins de la moitié des enfants admis de 1768 à 1772, et qu'à Aix il n'en restait guère que le cinquième (3).

nombre d'enfants légitimes que l'on déposait dans les hospices d'enfants trouvés. Cependant il résulte de l'examen des procès-verbaux de la maison de la Couche, en 1760, que sur 5.032 admissions il y en a eu 4.297 enfants illégitimes et seulement 735 enfants légitimes, et que la plainte est vraisemblablement exagérée. Le nombre des enfants légitimes déposés a été de 14.6 p. 0/0 en 1760 et 15.6 0/0 en 1860. (Voir *Annuaire statistique de la ville de Paris pour 1880*, p. 470).

(1) A l'hospice de Pau, 47 enfants ont été admis de 1769 à 1773 et 330 de 1784 à 1788. (Voir Lallemand, p. 470)

(2) Lallemand, p. 207.

(3) Voir Lallemand, p. 247.

L'émigration et l'immigration. — Si la population du dernier siècle avait beaucoup de traits communs avec celle de notre siècle qui en est issue, elle paraît en avoir différé sous le rapport de l'émigration et surtout de l'immigration. « Beaucoup d'étrangers voyagent en France, peu s'y établissent, dit Moheau, les ports de mer sont les lieux où on trouve le plus d'étrangers..... les campagnes n'ont presque point d'étrangers, les grandes villes en ont peu, les manufactures seules nous en donnent (1) ».

Aujourd'hui (1886) le nombre des étrangers recensés en France dépasse un million (2) et on se plaint que les Français émigrent peu, tandis que Moheau, Necker et d'autres s'affligent de voir les Français porter leur activité au dehors. « Dans toutes villes considérables, dit le premier, on voit des chirurgiens, des perruquiers, des tailleurs, des brocanteurs français (3) ».

Necker nous a laissé un état de la population des colonies françaises (sans les établissements de l'Inde) en 1779 (4) d'où il résulte que le nombre des blancs à l'époque de la guerre d'Amérique, s'élevait à 74,000 âmes et que la population totale dont les esclaves formaient la grande majorité, était

(1) Moheau, p. 274.

(2) 1.126.000 en 1886.

(3) Moheau dit, sans affirmer l'exactitude des chiffres, qu'il y avait, une quinzaine d'années avant la publication de son livre, 30.000 Français à Londres, 8.000 en Espagne, 5 à 600 en Portugal, 15.000 en Italie, 10.000 dans les États du Grand Seigneur, que la Hollande est pleine de Français, qu'à Berlin et à Saint-Pétersbourg il y a des quartiers peuplés de Français, que dans les îles de France et de Bourbon il y avait près de 8.000 Français.

(4) Necker ne garantit pas la parfaite exactitude de ces renseignements, le service des colonies n'étant pas sous l'inspection du ministre

environ de 580,000 âmes (y compris Tabago). La France avait perdu depuis longtemps l'Acadie, et, depuis une vingtaine d'années, le Canada et la Louisiane. Mais, le Canada n'avait guère reçu en tout que 3,000 colons venus de France (1) et il ne faut pas oublier que, lorsque Louis XV le céda, il ne renfermait pas 70,000 habitants (2) ; c'est après la séparation que la population française, abandonnée à elle-même, s'est multipliée par les naissances.

On ne connaissait pas le nombre des émigrants qui sortaient de France. Moheau, d'après un relevé dont il a eu la communication, l'évaluait à 3,500 (4,600 avec les gens morts en mer, lesquels étaient des marins ou des passagers et non

des finances ; c'est cependant le document général le plus autorisé que nous possédions sur ce sujet :

	Blancs.	Gens de couleur.	Esclaves.	Total.
Saint-Dominique . .	32.650	7.055	249.098	288.803
La Martinique . . .	11.619	2.892	71.268	85.779
Guadeloupe	13.261	1.382	85.327	99 970
Cayenne.	1.358	»	10.539	11.897
Sainte-Lucie	2.397	1.050	10.752	14.199
Tabago	?	?	?	?
Isle de France . . .	6.386	1.999	25.454	32.739
Isle de Bourbon . .	6.340	»	26.175	32.515
	74.011	14.378	478.313	565.902

(1) L'historien du Canada, Garneau, dit que de 1675 à 1859, le nombre des Français qui étaient venus se fixer dans le pays n'était guère que de 3.000. M. Garneau fils, dans une réédition de l'ouvrage de son père, a donné le nombre des émigrants vivant au Canada en l'an 1700 et nés en France ; il en a trouvé 1976. Ces colons étaient originaires de l'Ile-de-France, de la Normandie, du Poitou, de l'Aunis, de l'Orléanais, de la Bourgogne, etc.

(2) En 1765, le Canada avait 69.810 habitants. A ce nombre il convient d'ajouter les habitants de l'Acadie qui étaient 16.000 en 1749.

des émigrants) (1). Nous ne connaissons pas non plus aujour-
d'hui le nombre des émigrants ; cependant nous avons des
motifs de croire qu'il est à peu près quadruple de celui que
donne Moheau (2) et nous possédons, dans la seule Algérie,
un nombre de Français triple de celui des blancs de toute
nationalité qui résidaient dans les colonies françaises sous
le règne de Louis XVI.

Conclusion sur le mouvement de la population au XVIII°
siècle. — Le mouvement de la population française, qui ne
commence à être connu que dans la seconde moitié du XVIII°
siècle, confirme à peu près ce que nous avons dit de l'état
de cette population. Il ne faut pas espérer y trouver le degré
(encore insuffisant aujourd'hui même, dans certains cas) de
précision que les documents contemporains permettent
d'atteindre, parce que la base d'un dénombrement général
manque et que l'état civil a des lacunes. C'est pourquoi il
ne conviendrait pas de raisonner sur des différences minimes.
Il y a cependant quelques points de comparaison qu'il est
possible d'établir avec certitude : 1° la natalité et la mortalité
étaient plus fortes alors qu'aujourd'hui ; 2° l'accroissement
résultant de l'excédent des naissances pendant les 10 années
dont Necker nous a conservé la série (1771-1786), était

(1) Moheau dit (p. 244) que, d'après les relevés pris sur deux années
de paix, il mourait en mer actuellement 1.100 personnes, il en passait
dans les colonies 2.500 et en pays étranger par voie de mer, 1.000.
Total, 4.600. Les décès en mer sont une perte, mais non une émigration
et il n'aurait pas dû réunir ces deux quantités. Il ajoute qu'on ne connaît
pas l'émigration par terre, qui doit être peu considérable. Il compte, en
outre, comme perte 4.000 déserteurs qui, dit-il, ne passent pas tous à
l'étranger et il arrive (je ne sais comment) à un total de 13.000.

(2) La population française en Algérie était de 4.300 en 1834, 92.000
en 1856, 227.323 en 1881 (y compris l'armée).

presque double de ce qu'il est aujourd'hui ; mais cet accroissement, d'une part, est faible relativement à celui qu'on constate de notre temps dans plusieurs États de l'Europe (1) et, d'autre part, il est supérieur à la moyenne générale de l'accroissement en France pendant toute la période de 1700-1789 ; 3° la population possédait moins d'adultes et avait une longévité moyenne moindre dans la seconde moitié du XVIII° siècle que dans la seconde moitié du XIX°.

Cependant, en somme, si l'état social au XVIII° siècle était très différent du nôtre, les conditions démographiques ne l'étaient pas autant qu'on le suppose ordinairement. Dans chaque grande région du monde, la population a son caractère propre dont les traits essentiels persistent très longtemps à travers les vicissitudes de la politique et survivent même à de grandes révolutions sociales. Nous sommes bien les fils de nos pères. Mais ces fils, ayant plus de bien-être, ont contracté certaines habitudes qui, suivant le point de vue d'où on les examine, peuvent paraître sensées ou blâmables. Ce n'est pas encore le moment d'examiner la question.

Il suffit dans ce chapitre d'établir le véritable état de chose. La réalité ne répond pas à ce qu'imaginent des enthousiasmes irréfléchis pour le passé. Elle est ce qu'elle est ; il est bon de la connaître telle qu'elle est. Pour rappeler en terminant un exemple de l'inconvénient qu'il y a à substituer, dans ces matières, des évaluations de fantaisie à l'examen des faits, disons que beaucoup de publicistes, voulant donner une leçon à notre génération, ont loué nos

(1) Taux d'accroissement pendant la période 1861-1883 :

Saxe	14 pour 1.000
Angleterre	13 id.
Prusse	9 id.
Belgique	8 id.
Italie.	6 id.

ancêtres d'avoir été de grands colonisateurs; or, il se trouve qu'ils n'émigraient probablement pas plus que nous et que les représentants de notre race dans nos colonies, quoique trop peu nombreux aujourd'hui, le sont cependant plus qu'à la fin de l'ancienne monarchie.

E. LEVASSEUR.